明解

くらしの
防災手帳

「いざ！」という時のためにこの「一冊」

今すぐできる大震災への備え

元日本銀行・神戸支店長
遠藤勝裕

推薦のことば

私が遠藤勝裕氏にはじめてお会いしたのは1999年3月3日、12年も前のことです。当時私は京都大学防災研究所教授の職にあり、兵庫県の委託による「阪神・淡路大震災被災者の生活回復過程研究調査」に携わっておりました。調査の一環として大震災からの復旧、復興過程において各界の指導的立場にあった方々の体験、考え方、想いを語っていただくプロジェクトがあり、遠藤さんもその一人でということでした。

インタビューは数時間に及び、（1）次の災害の時にも絶対にやるべきこと、（2）次の災害の時には工夫してもっと上手にすべきこと、（3）次の災害の時には絶対にしてはならないこと、（4）リーダーとしての意思決定の際一番難しかったこと、との内容で極めて中味の濃いものとなり、これは調査報告書の冒頭を飾っています。

以来遠藤さんとは長年のお付き合いになりますが、とりわけ私が阪神・淡路大震災記念「人と防災未来センター」のセンター長となりましてからは、災害対策専門研修マネジメントコースの講師をお願いしており、受講者からも「臨場感があり、分かりやすい」と好評で、この研修には欠かせない方となっています。

このほどまとめられた「くらしの防災手帳」は遠藤さんの大震災での体験とその後の神戸市長田区でのボランティア活動での経験に裏付けられた正に生活者の視点からの「生」の話が満載であり、読み進むとそのまま大災害時のマニュアルになる好著といえましょう。折しも不幸にも予測されていた東日本大震災が起きてしまい、これから復旧、復興が本格化するものと思われますが、その視点からも示唆するところが大、の内容となっています。また企業のリスク管理の視点からの講演録も、いわゆる事業継続の観点から大いに参考になる内容です。

私は今、今後起こるかも知れない首都直下地震や東海･東南海･南海地震や全国に約1万あるマグニチュード6以上のエネルギーをもつ活断層地震災害に備え、防災から減災への考え方を広く提唱しているところですが、その意味からも老若男女を問わず一般の家庭人から働き学ぶ人びと、そして自治体や企業の災害担当者に至るまで多くの方々に本書をお薦めいたします。

関西大学社会安全学部長・教授
人と防災未来センター長
河田　惠昭

まえがき

この度の東日本大震災の被災地域の皆様に心よりお見舞い申し上げます。亡くなられた方、未だに行方が分からない方が約３万名にも上る悲惨な様子を目のあたりにし、正直言葉を失いました。今この文章を書き始めるにあたりこのようなありきたりの言葉しか出てこない自らの表現力の拙さを恥入るばかりです。私自身16年前、あの阪神大震災に遭遇し、数多くの悲惨な姿、悲しい出来事を目にするという体験がありながら、このたびの現実の姿にただ茫然とするばかりです。

私は阪神大震災後１年余を過ぎた平成８年４月に神戸を離れましたが、自らの体験を語り続けることにより少しでも震災被害を軽くすることに役立てればとの思いで未だに語り部として日本各地を歩いています。同時に神戸にある「人と防災未来センター」等が主催する研修会の講師を務め、いわゆるBCP（事業継続計画）の観点から、「大災害時における企業の危機管理」をテーマとした講演を続けています。これは当時日銀神戸支店長としてさまざまな被災対応を行い組織目的の遂行に当たった体験講義、いわば「実践的危機管理論」というべきものです。

これに対しこの「くらしの防災手帳」はこうした企業の組織防衛というよりは１人の生活者の視点から災害にどう対応したらよいのか、をまとめたものです。日銀という組織のリーダーとして活動すると同時に一市民として何とか生き延びるためにしたさまざまな体験を読者の皆さんにお伝えしよう、というものです。「震災の語り部」として行脚する傍ら、神戸市長田区にあるボランティアグループ「まち・コミュニケーション」の顧問として「まちの復興、生活再建」をお手伝いする中で見聞きした役立つ情報も本書に多く書き込みました。

また、「人と防災未来センター」の河田惠昭センター長や研究員の皆様から示唆を受けた減災対応の必要性を、具体的な体験を通じてどうお伝えしていくかも、本書の大きなテーマと位置付けました。

そのため生活者の視点から「家庭の防災と減災」のための具体的対応策を提示し、老若男女、幅広い読者層に分かりやすく、と心掛けました。「減災のためのキーワード」や「防災まめ知識」を項目ごとに細かく載せているのもその一環です。本書を生活の場に常時置いていただければ「いざ」という時のお役に立てるのではないかと思っています。なお、本書の第Ⅱ部では緊急時の対応が一段落した後、市民一人ひとりにおおいかぶさる生活の再建、まちの復興などに関するポイントも示しました。私はこれを「第二の危機」と名付けていますが、阪神大震災から10数年を経た今でもこの危機は多くの人たちを苦しめています。もちろん被災直後の危機を如何に最小限の被害で乗り切るかがまずは大切ですが、同時にその後の問題への対応も重要で、これも大切な減災対策として参考にして下さい。本書は私たち生活者の誰にでも必要な日頃の備えとして、平成20年11月から22年12月までの２年間、青森市東奥日報社発行の「Too　Life」に掲載したコラムをベースとしてとりまとめたものです。この連載が終了した直後の平成23年３月11日、今回の大震災に見舞われました。私のコラムが青森の読者の皆様の被害軽減に少しでもお役に立つことができていれば幸いです。なお、津波や原発事故のことは阪神大震災で私が体験しなかったことですので、それら専門の対応マニュアルをご参照下さい。とくに津波につきましては本書をご推薦いただいている河田惠昭先生の「津波災害」（岩波新書）という好著があります。本書をまとめるに当り、東奥日報のコラム執筆時から労をお取りいただいた青森市の企画集団ぷりずむ杉山陸子さん、佐藤史隆さん、その他多くの方々のご協力を得、またそのお手数を煩わせましたこと、この場をお借りして厚くお礼申し上げます。

また、本書の第Ⅲ部では「大災害時における企業の危機管理－阪神大震災から学んだこと－」と題した私の講演録を載せております。これは平成22年11月15日に行われた京都市消防局及び京都市自衛消防隊連絡協議会主催の研修会で私がお話したものです。企業の災害担当者向けリスクマネジメントの具体的内容ですので「Ⅰ～Ⅱ部」と併せてお読みいただければと思います。本講演録の掲載につきましては京都市消防局予防部伊藤芳隆様のお手数を煩わせましたこと、厚くお礼申し上げます。

今回の大震災で無念のうちに命を落とされた皆様のご冥福を謹んでお祈り申し上げますと共に、被災され、苦闘を続けておられる皆様が１日も早く立ち上がることができますよう「共に頑張ろう！」とのエールを声高く送らせていただきます。

平成23年４月

元日本銀行神戸支店長

遠藤　勝裕

目　次

第Ⅰ部

危機への備えと対応

命と生活を守る

1 予備知識を大切に、防災から減災へ

毎年9月1日前後、各地で防災訓練が行われております。私も町内会（埼玉県所沢市）の訓練に参加していますが、阪神大震災の被災者である私は、いつも身の引き締まる思いです。

「天災は忘れたころにやってくる」、科学者にして随筆家・寺田寅彦の言葉ですが、このたびの東日本大震災をはじめとして日本各地で大災害が「忘れないうち」に次々と起きています。そこで私の災害体験を語ることにより、読者の「災害への備え」のお役に立てればと思っています。

「減災」って何？

ところで皆さんは減災という言葉をご存じで

しょうか？「防災なら知っているけれど…」という方が大半だと思います。そもそも防災という言葉は1923年の関東大震災以降使われ始め、地震で壊れない建物を造ることを目的としてわが国の「防災対策」がスタートしていますが、1995年の阪神大震災ではそれまでの防災対策にはさまざまな問題があることが分かりました。このため現在は対策を防災から減災へ見直すことが進められています。

神戸市にある「人と防災未来センター」の河田惠昭センター長（関西大学社会安全学部長・教授）は、「減災とは被害が発生することを前提とした対応を用意し、被害の最小化に努めること」と定義し、減災はハード防災（構造物による対処）とソフト防災（情報による対処）の組み合わせで成立する、としています。

話がやや硬くなりましたが、私は阪神大震災の現場で、これまで「壊れないはず」とされていたものが無残にも崩れ落ちる姿をいくつも目にしてきましたので、見直しの必要性がよく分かります。東日本大震災での津波被害や原発事故を目の当りにし、改めて国から家庭に至るまですべての関係者が減災の考え方を理解し、実践していくことが必要と思われました。

4つの構成要素

減災は、4つの要素から成り立ちます。第1は、構造物による被害抑止、従来からの防災の概念です。第2は、被害極小化のための備え、被害軽減策です。第3は、発生直後の効果的な応急対応です。第4は、災害後の街や生活の再建と災害体験の活用です。要すれば減災とは、これまでの防災概念も含め知恵と工夫と知識を総動員する総合的な対応であり、行政や学問レベルだけでなく、広く企業や家庭にまで適用されるものです。

本書ではこの考え方に則し、私の震災体験をベースに、家庭の減災対策をお話していきます。

防災まめ知識①

わが家のことが心配になったら『耐震改修ガイドブック』

自宅の耐震性は大丈夫だろうか？　専門家に調べてもらいたいけど、どこに問い合わせたらいいか分からない…。青森県の場合は県建築住宅課（017-734-9693）が『青森県木造住宅・耐震改修ガイドブック』＝写真＝を2006年に発行、希望者に無料配布しています。耐震診断からリフォーム、耐震に関する相談窓口などの情報が掲載されています。お住まいの各都道府県にお問い合わせ下さい。

② 被災直後、家の中では…

阪神大震災当時、私は日銀神戸支店長の職にあり、公私共にさまざまな困難に直面しました。そうした体験の下で、減災のための視点で話を進めますが、留意すべきことは震災が真冬の平日、早朝であったことです。もし発生が真夏の日中であったならば？　減災の観点からは発生状況も頭の中に入れておかなくてはなりません。

今も忘れられぬ恐怖感

「地震だ」と気付いたのは、ベッドから放り出され、床の上を転がっている時です。その時の恐怖感はいまだに心の中に残っています。停電で真っ暗でしたが、近視の私にとって大切なのはまず眼鏡です。手の届く所に置いていたのですが、吹き飛んで所在不明、当然です。ただ別に保管しておいたスペアが無事でほっとしました。また日ごろ枕元に置いていた懐中電灯も見つかりませんでした。コンセント差し込み式にしておけばよかったと悔やんだところです。

今、所沢市の自宅では主な居室に常備しています。

◆減災のためのキーワード

スペアの眼鏡
コンセント差し込み式懐中電灯
ろうそく
百円ライター
スリッパ
家具類
テレビ等重量物の凶器化
ガス漏れチェック

潜むさまざまな危険

さて暗闇の中、ろうそくを何とか探し出し百円ライターで点火、ようやく明かりを確保しましたが、ここで私は大きな失敗をしています。それはガスのにおいを確認せず点火したことです。ひょっとしたらガス漏れしていたかもしれず、一歩間違えば大惨事になったかもしれません。

ろうそくの明かりに照らし出された居間やキッチンの様子は悲惨でした。何より驚いたのが大きなテレビが2～3メートルも飛んでいたことです。観音開きの食器棚から飛び出したおわん、皿、コップなどは砕け散り、足の踏み場もありません。幸いスリッパを履けましたのでケガをしませんでしたが、気を付けなくてはなりません。

多くのビルや住居、道路などを壊したエネルギーですから、家の中がこうなるのは当然です。耐震構造で家が無事でも家具などが倒れ込み、家の中で死傷した方がたくさん出ましたが、私もテレビを見ながらうたた寝でもしていたら恐らく命を落としていたでしょう。

防災まめ知識②

転倒による事故を防ぐために 家具等の『固定化グッズ』

家具の転倒を防ぐグッズは各種あり、ホームセンターなどで購入できます。タンスや本棚などの場合、「L字金具」や「チェーン」で固定する方法がありますが、「耐震バー」＝写真＝は、取り付けの際、工具が不要で手軽にできます。また、敷くことで物を安定させる「粘着マット」は、テレビやパソコンにも便利です。

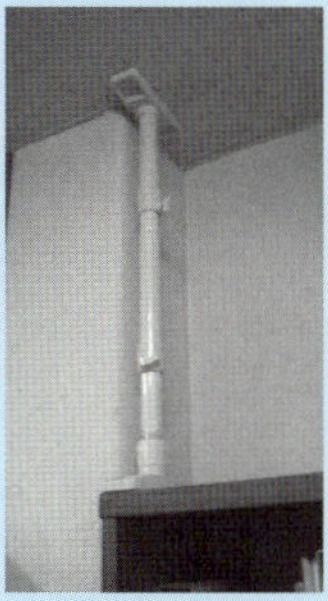

3 病院で何が起こる、電話はどうなる

阪神大震災における死傷者は4万4,000人にも上り、亡くなられた方は6,434人、うち8割近くが家屋や家具の下敷きになったことが原因です。私の周辺でも同僚や家族などにけが人が多数出ました。

病院も被災、医者が足りない

友人Aさんはマンションの11階で被災、左腕の肩口から手先までに切り傷を負いました。近くの病院に走りましたが、病院自体の倒壊や大混雑で治療不能、ようやく3軒目の病院で診てもらいました。10数針も縫う必要があるとの診断ながら、その場では簡単な消毒と止血のみ、Aさんは医者に文句を言いかけましたが、

運びこまれた重傷者が息を引き取る様子を目にして、何も言えずそのまま帰ったそうです。

普段なら重傷が軽傷に、軽傷がかすり傷の扱いになってしまう、災害時の病院の対応と、心得ておいた方がよいです。同様のことを数多く耳にしましたが、医療施設がもう少ししっかりしていたら、多くの命が救われたかもしれません。ハード防災が被災後の減災につながるケースです。また家庭でも応急手当てができるよう

◆減災のためのキーワード

病院被災

医師不足

救急箱

応急措置の訓練

ダイヤル式のアナログ電話機

伝言ダイヤル

10円硬貨

救急箱を常備しておくとともに、防災訓練に参加して止血や骨折対応のやり方を身につけておきましょう。

停電で電話は「無機能」

さて私はろうそくの明かりで仕事に取りかかりました。まずは職場関係者との連絡です。電話を取り上げましたが、ウンともスンとも言いません。ファクスやら留守電やらを備えた多機能電話は停電で「無機能」になってしまったのです。連絡が取れないまま出掛けようとしたところ、かすかな呼び出し音を耳にしました。電話は近くに住む職員からで、呼び出し音はNTTの自家発電の力によるものでした。

ダイヤル式の電話機はその力で普通に機能したそうです。携帯電話も災害時には利用が殺到するので機能しないことが予測されます。このことは東日本大震災では首都圏の私たちも嫌というほど思い知らされました。これに対しては伝言ダイヤルや、iモードなど携帯電話サイトの災害掲示板の利用のほか、ダイヤル式の電話機を備えておくのも一案です。なお、公衆電話は停電しても10円硬貨で使用可能ですので防災グッズの中に入れておくとよいです。

防災まめ知識③

声の伝言を残せる「災害用伝言ダイヤル」

大きな地震や噴火などの災害発生時には、災害用伝言ダイヤルのサービスを利用できます。

〈伝言を残す〉171＋1＋被災者の電話番号（市外局番から）

〈伝言を聞く〉171＋2＋被災者の電話番号（市外局番から）

※「171」をダイヤルすると音声による案内が流れます。

4 建造物倒壊の中で

大災害時には交通手段が途絶します。昼間なら職場などからの帰宅が困難になり、夜間や早朝なら職場への通勤が難しくなります。いずれの場合も徒歩での訓練をしておくとよいです。私は今、市販の「震災時帰宅支援マップ」を携行しています。

車で移動は危険と隣り合わせ

私は近所に住む仲間の車で職場である日銀神戸支店に向かいました。停電のため信号機は機能しておらず、道路には樹木や電柱などの障害物が多数、大きな穴まであいていました。早朝で車の数が少なく事なきを得ましたが、今から考えると危険なこと、反省点の1つです。阪神大震災では高速道路の倒壊もあり、多くの方が運転中に犠牲となりました。地震に遭った場合、左側の路肩に車を止め、ロックせずキーをつけたまま車から離れるのが原則です。

想像を絶する都市機能の崩壊

何とか支店に着きましたが、現場は埋め立て地で地盤が緩いため、多くの建造物が崩壊ない

◆減災のためのキーワード

徒歩通勤の訓練

車は危険

ヘルメット

耐震診断

電動出入り口の手動訓練

しその途上でした。崩れ落ちるビルの外壁に押しつぶされる乗用車やトラック、寸足らずとなったビル、降り注ぐ窓ガラスのかけらなどビジネス街は一転戦場のよう、ヘルメットなしではとても歩けませんでした。支店は幸い倒壊を免れましたが、埋め立て地特有の液状化現象により、玄関口の階段が落ち込んでいました。ちなみに建物の耐震強度は、新基準ができた1981年以降に建てられたかどうかが1つの目安となっていますので、80年以前のものについては減災のため耐震診断を受けることをお薦めします。

支店の周りには都市ガスのにおいが充満しており、退避するかどうか迷いましたが、ガス漏れの原因が支店の中かどうか確認するため、入ることを決断しました。都市ガスに毒性は無いのですが爆発力が強いので、危険な行為であったかもしれません。

通用口は停電のため通常の方法では入れず、非常時対応で入りました。これは日ごろから訓練していることです。家庭でも電動の出入り口やシャッターがたくさんあると思いますが、停電時に手動でどう開けるか確認し、テストをしておくべきです。

防災まめ知識④

ホームページで簡単に確認できる！「誰でもできるわが家の耐震診断」

1980年以前の建物は、耐震診断が必要だといわれています。日本建設防災協会のホームページには、木造家屋の耐震性をチェックできる「誰でもできるわが家の耐震診断」があります。気軽にできるので、まずはここでのチェックをおすすめします。
(http://www.sumai-info.jp/reform/taishin/)

5 室内の物が凶器に

震度7の直撃は、多くの住宅やオフィスビルを破壊しました。道路や鉄道、港湾も含めたいわゆるハードインフラの被害金額は10兆円にも上り、また外見が無傷でも内部が壊れ修復に相当な費用を要した事例も数多く見られました。このことは、一般の家庭もオフィスも同様で、日銀神戸支店の内部の様子はその典型的な事例です。

営業時間なら犠牲者多数

建物の中に入ると、予想外のことがたくさん起こっていました。「震度7に耐えるはず」のものが耐えていなかったのです。自家発電設備は、激しい縦揺れで部品がはずれ機能停止。電力で動く設備、ドアなどがすべて動かなくなりました。当然水道、ガスも供給停止、仕事や生活の場としてそのままでは用をなさない状態でした。

そしてオフィス家具類、パソコンなど事務機器は四方八方に飛び散り、もし地震発生時に人がいれば凶器として襲ったことは間違いありません。私のデスク上のガラス板は、イスの上にありましたので座っていればおなかは真っ二

◆減災のためのキーワード

オフィス家具や
事務機器の凶器化

停電時の作業訓練

緊急地震速報と避難訓練

ヘルメット

つ。強力接着剤で壁に固定したはずのロッカーが倒れ下敷きになった課長席、紙幣を入れた七段積みのプラスチック箱が崩れ落ちているなど、すべてが営業時間中なら「死」を意味する光景ばかり、縦揺れ、直下型の恐さです。

現在は緊急地震速報がありますので、数秒前に凶器の周辺から離れることができれば、命は助かるかもしれません。もちろんオフィス同様、家庭でも家具類の固定や避難訓練、ヘルメットの常備は必須です。同時に電力がストップした時に何が起こるかをすべて想定し、その対応訓練も欠かせません。

職場が「避難所」及び「自宅」に

1月17日午前7時すぎに支店に入りましたが、その後、1月26日までの10日間、泊まり込みを余儀なくされました。私にとっては支店がそのまま家庭、すなわち、「職場兼避難所兼家庭」となりました。通勤に伴う二次災害を防ぐことはできましたが、つらい10日間ではありました。

防災まめ知識⑤

揺れが来る前に少しでも早く対応できる「緊急地震速報」

気象庁は、震度5程度以上の地震を、数秒から数十秒前に知らせる「緊急地震速報」を行っています。2006年夏以降、列車など自動制御系の機械から導入が始まりました。現在、私たちの身近なところでは、テレビ・ラジオの放送や、一部携帯電話会社のサービスを通して情報を得ることができます。

6 水は"命綱" 前編

東日本大震災では、東北地方から首都圏に至るまで多くの皆さんが突然の断水で大変な苦労をされています。その様子を見聞きするにつけ私も阪神大震災当時の水にまつわるいろいろな出来事を思い起こしました。

飲料水をどう確保するか

水道、電気、ガスなどのライフラインが断たれた中での生活が職場内で始まりましたが、何ともつらかったのが水の問題です。通常私たちは1日に1人平均320リットルの水を使っているそうです。生命維持に必要な3リットルをベースに炊事80リットル、風呂80リットル、洗濯60リットル、水洗トイレ90リットルがその内訳です。

阪神大震災はさまざまな水道施設を壊しましたが、神戸市では水道局が全壊したため復旧が遅れてしまいました。施設の耐震対策がまず求められます。

さて､水が出ない中で生き延びるには､飲料水をどう確保するかが最大のポイントとなります。

震災当時、初日から応急給水が始まったところもありましたが、本格化したのは2～3日後ですので、当座1～2日をしのぐ水の確保が大

◆減災のためのキーワード

水道関連施設の耐震強化

飲料水の確保

保管場所の工夫

トイレの水の確保と排水訓練

切です。日銀神戸支店ではそのための水を防災グッズとして用意しておりましたが、しばらくは役立たずでした。担当者が通勤不能のため不在で保管場所が分からなかった上、場所も倉庫の奥深くだったからです。結局水を手にしたのは当日の夕方、減災対策としては失敗です。家庭でも飲料水の保管場所には工夫が必要です。

トイレ対策も重要

次に困るのがトイレの水の確保です。多くの避難所では穴を掘り、板囲いをしてトイレを造りましたが、コンクリートで固められたオフィス街ではそうもいきませんでした。幸い地下に防火用水をためていたので、バケツでくみ出し、オフィスのトイレで汚物を流しましたが、弱った体力にはこの作業がこたえました。それだけではなく、水を流す加減が難しいのです。節約して少ないと流れず、多ければ周囲が水びたし。冗談ではなく平時に練習をしておくとよいです。

職員の中にはこのつらさに耐えられず、トイレを我慢して体調を崩す者や、飲食を控える者も出てしまいました。口に入れることと出すこと、これが災害時における水との戦いであり、「水が命綱」であることを思いしらされました。

防災まめ知識⑥

普段から心掛けたい「飲料水や生活用水の確保」

断水時のための飲料水と生活用水は3日分の確保をおすすめします。1人が1日に必要な飲料水は最低1リットルと言われています。長期保存可能なペットボトル水が便利です。また、トイレ用などの生活用水の確保は、風呂の水を捨てないようにしたり、家の外などにバケツを置き常に水を満杯にしておくなどの方法があります。

7 水は“命綱” 後編

阪神大震災時、水不足状態の中で、貴重な水を風呂やシャワーでジャブジャブ使うなど夢のまた夢、とてもできません。応急給水で水があっても、沸かす熱源がありませんでした。しかし、風呂無し状態の5日目ぐらいから呼吸がなんとなくせわしくなり、栄養不足から顔はすすけ半病人の姿、生活を共にしている職員たちも皆同じ様子。明らかに皮膚呼吸に障害が出ており、これも命にかかわることでした。

風呂の我慢、限界は1週間

被災6日目にようやく電力が復旧、温水器を使い身体を洗うことだけはできました。ゆったりと湯船につかれたのは9日目、風呂のある職員宅の好意に甘えた時、畳に身体を横たえることもでき、文字どおり生き返りました。

身体も満足に洗えない中、衣類の洗濯などさらに後回し、着のみ着のままがしばらく続きましたので、新しい下着の差し入れのありがたみが身に染みました。ただ避難所に送られた見舞品の中には、洗濯を要する汚れモノも混ざっていたようであり、選別に苦労したとのことです。

◆減災のためのキーワード

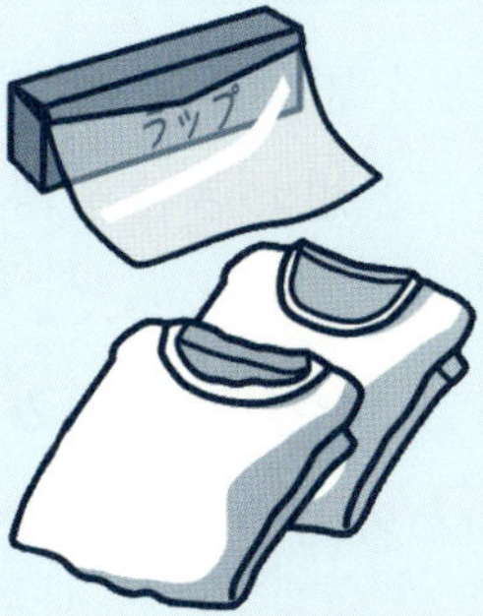

皮膚呼吸

下着類のストック

ラップは必需品

夏場への備え

水不足の中の知恵と工夫

水不足の中での炊事にはさまざまな知恵を働かせ、工夫もしましたが、とりわけラップ類の活躍が目立ちました。今はお湯さえあればご飯からおかずまで手にすることができますが、問題は食器類の調達です。当初ははしも足りずラップでお握りを手にし、紙コップにはマジックで名前を書き何度も使い回し。おわん、皿を使う時はあらかじめラップを敷いて盛り付け、水洗いを省略することなどは、単身赴任者の日常生活の知恵から出てきたものでした。

水にまつわる諸々のことを思い起こすにつけ、「これが夏場だったら」と思わざるを得ません。もちろんもっと大変なことになっていたであろう、ということです。水や飲料の傷みも違うでしょうし、トイレのあの時の状況を考えるとぞっとします。

汗まみれの身体で何日も風呂や洗濯なしでどうなるのか、食器類の使い回しも不衛生この上なし、など考えるとキリがありません。しかし関東大震災は9月1日、震災は季節を選びません。冬場の体験を生かし、夏への備えも怠れないのではないでしょうか。

防災まめ知識⑦

水で髪を洗えなくなった時に便利「水を使わないシャンプー」

水不足で風呂を利用できない時には、水を使用せずに洗髪できるシャンプーが役立ちます。頭髪や頭皮につけて、マッサージするようにして洗い、タオルなどでふきとります。最低限の対応ですが、ハーブの香りつきの商品などもあり、不快な匂いやかゆみなどを抑えることができます。

8 電気、ガス停止の対策を

大地震に停電や都市ガスの供給停止はつきものです。これは仕方のないことですが、阪神大震災では、場所によって復旧時間に大きな差が出たり、供給再開に伴う二次災害が発生するなど、思わぬトラブルも起こりました。日ごろから停電対策などを心掛けておきたいものです。このたびの原発事故に伴う供給不足に対しては“まず節電”が減災対策となります。

電気の復旧は地域により格差

阪神大震災での電気の復旧は、早いところで即日、仮の電柱を立て電線を張ればよかったのです。しかし私の生活場所である日銀神戸支店周辺は1週間近く掛かりました。電線を地中化していたため、液状化現象で地中の電線の調査に手間取ったためのようでした。一方、早期復旧は被災者にはありがたかったのですが、電源オンのまま電気ストーブなどに通電したためこれらが作動し、火災となったケースも見られました。思わぬ二次災害です。地震で避難する際にはブレーカーを落としておくことが大切です。

ところで日銀神戸支店内に備えつけていた自

◆減災のためのキーワード

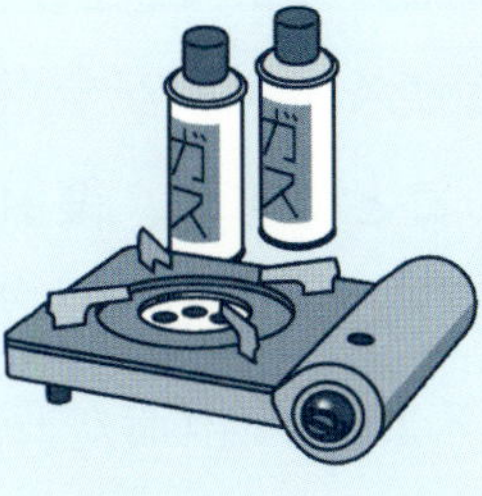

停電対策

通電対策（ブレーカー確認）

自家発電機

卓上コンロ

マイコンメーター

ガス漏れ警報器

家発電機は、震度7の揺れで発電機とエンジンをつなぐ装置が外れ、機能が停止していたのですが、当日午後3時半ごろの大きな縦揺れの余震で外れた部分がつながり、動き始めたのです。水冷エンジンの冷却水と重油の確保に苦労しましたが、一般電力復旧まで121時間20分の連続運転に耐え、日銀の業務遂行と数十人に及んだ支店内生活者の日常を支えてくれました。

ガスの安全確認を身につけて

阪神大震災後のライフラインの中で、復旧に最も時間を要したのは都市ガスです。安全点検をしっかり行うため当然のことですが、復旧したのは自宅が3月上旬、支店は4月上旬でした。自宅では復旧時に度々ガス漏れ警報器が作動し、その度に安全確認、こうした時は絶対に火を使えません。要注意です。ガスが止まっている間は卓上コンロが大活躍をしました。減災対策として日ごろから備えておくとよいものの1つです。

なお、強い揺れがあると各家庭に取り付けられている「マイコンメーター」が作動しますので、この取り扱い方法も確認しておくべきです。

防災まめ知識⑧

簡単だけど覚えておきたい「マイコンメーターの復帰方法」

ガスが止まり、マイコンメーターの赤ランプが点滅した際、原因を調べ、異常なしを確認した上で、復帰作業をします。(1)メーターガス栓以外の全てのガス栓、器具栓を閉める。(2)復帰ボタンを押し、表示ランプを点灯させる。(3)1～2分待つ。表示ランプの点灯が消えたら、復帰完了となりガスを使えます。

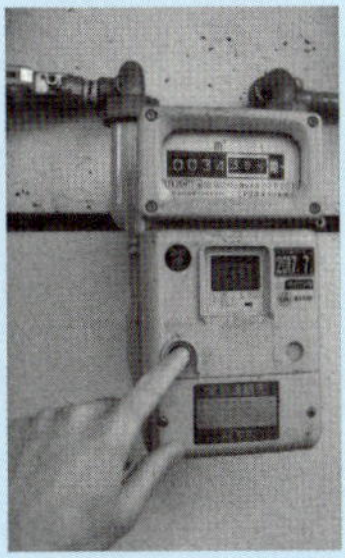

9 生活の原点「食」の問題

「食いものの恨みは恐ろしい」だけに最もトラブルが起こりやすいのが「食」の問題です。不平や不満の声を耳にする一方で、ちょっとしたことに感激する場面も度々目にしました。極限状態の中では感情の起伏が激しくなるものです。

非常食にも落とし穴

多くの家庭や職場では災害時に備え非常食を保管していると思います。「水」の項でも触れましたが、阪神大震災の時、非常食も保管場所の問題から私が口にしたのは被災当日の夜になってからです。水と同様に皆が置き場所を分かるようにしておかなくてはなりません。

ところで食べた非常食は乾パンでしたが、早朝からの作業で疲労こんぱいした身体が、これをなかなか受け付けてくれませんでした。空腹なのに喉を通らないというのは初めての経験、でも生き延びるためと思い、水と一緒に何とか3枚を流し込みました。平常時に試食し、「結構いける」と思っても、非常時には思わぬ落とし穴があるということです。

◆減災のためのキーワード

非常食と保管場所
飲料とのセット
卓上コンロ
インスタント食品の活用
リンゴジュース

おにぎりに感激

被災翌日の早朝に救援隊が到着し、米、水と炊飯器、卓上コンロなどを持ってきてくれました。その時に食べた温かいおにぎりとインスタントみそ汁の何とおいしかったことか！　少し大げさですが、その後「食」に関してあれほどの感激を味わったことはありません。非常食とおにぎりでつないでいるうちに支援物資が次々と到着し、食べ物の内容も徐々にグレードアップしてきました。そうなると人間とは勝手なもので、初めは宝石に見えたおにぎりが、２～３日で“石ころ”に変わってしまったのです。ありがたみがだんだん薄れていくという経済学用語の「限界効用逓減の法則」を実感しました。

そして落ち着いてくると出てきたのが、ほかとの比較に伴う不満やトラブルです。組織のマネジャーとしては最も気配りを要したところですが、幸い私の場合、青森の友人たちから届けられた新鮮なリンゴやリンゴジュースが職員の身体と心を癒やしてくれましたので、これに随分と助けられました。この経験からリンゴジュースを非常食として保管することにしましたが、これも効果的な減災対策です。

防災まめ知識⑨

長期保存できる缶詰やレトルト 味わいいろいろ「非常食」

非常食と言えば、乾パンが定番ですが、近年は食べやすさや味覚を工夫した商品が豊富になってきました。水を入れるだけで炊いたご飯の状態に戻せるアルファ米商品や、肉ジャガやとん汁、みそ汁、ラーメン、キャラメルなどの商品も発売されています。ホームページの通信販売でも購入できます。

10 お金もライフライン 前編

水や電気、ガスと共に、お金も大切なライフラインの1つです。日ごろ何げなくお札や硬貨を使っている皆さんは、ある日突然それらが無くなってしまったらどうなるのか、何が起こるのかを想像したことがあるでしょうか？　お金の元締めである日本銀行は、そうしたことが起こらないよう日ごろから備えていますので、阪神大震災の折にもお金に係る混乱を回避することができました。

最も公平な交換手段

お金が無くなると、世の中が混乱するのはなぜでしょうか。お金にはいろいろな機能がありますが、災害時にはその中でも、モノと交換する役割が大切になります。アメリカの地震やハリケーン被害などの際、商店が襲われるニュースが流れていましたが、お金の代わりに力が使われた代表的事例です。その点日本では、災害時のお金の供給に万全を期しており、あのような混乱が起きたことはありません。

お金に関する安心を国民の皆さんに届けることが日銀の仕事ですが、大災害時にはパニック防止のため、この役割がさらに重くなります。

◆減災のためのキーワード

お金は公平な交換手段

日銀の現金供給

BCP（事業継続計画）の認識

阪神大震災当日、日銀神戸支店は平常通り午前9時に営業を開始し、現金供給体制を整えました。道路、鉄道、ビルなどが崩れ落ちる中でのまさに命懸けの対応でしたが、経済的混乱、いわば二次災害を防ぐため必須のことだったからです。

金融機関 ほぼ半数が営業

ところで皆さんは日銀にある現金を直接手にすることはありません。銀行など金融機関が日銀に預けてある預金を引き出し、それを皆さんが受け取るのです。従って、日銀だけが営業しても現金は行き渡らないのです。震災2日目、銀行、信用金庫、農漁協など各金融機関の店舗のうち約半数が営業し、市民の皆さんの預金引き出しに応じていました。

逆に半数が営業できなかったのですが、その理由を調べてみると、①店舗が全半壊、②隣接建物が倒壊し立ち入り禁止、③人が不在、の3点でした。商店や工場なども同じで、事業継続計画（BCP＝Business Continuity Planの略）との観点から、記録などにより状況を認識しておくことも大切なことです。

防災まめ知識⑩

認識しておきたい「現金」の持つ機能

現金紙幣は、強制通用力、汎用性、ファイナリティ、匿名性—といった特性を持っています。買い物での支払いの際、クレジットカードや、最近では「おサイフケータイ」などの電子マネーも利用されていますが、やはり基本は「現金」。さまざまな都市機能が停止する可能性のある災害時には、交換手段として特に有効となります。

11 お金もライフライン　後編

阪神大震災の当日、皆さんが預金を引き出し現金を手にするには、さまざまな障害がありました。

災害時には日ごろ使っているものが無くなったりします。例えば預金通帳、カード、印鑑などが無くなり、預金はあってもお金を手にできない事態も起こります。そうした人たちの救済のため「金融特別措置」という制度があります。通帳、カード、印鑑が無くても本人であることが何かで確認できれば預金の引き出しができるようにするものです。

日銀内に市中銀行の臨時窓口開設

阪神大震災当日、日銀神戸支店長である私と近畿財務局神戸財務事務所長連名で通達文を作り、金融機関に指示するとともに、被災者への周知に努めました。通帳などを忘れたからといって危険な場所に取りに戻る必要はないのです。

金融特別措置により問題がすべて解決した訳ではありません。金融機関の店舗のうち半数近くが営業できませんでした。代わりの店舗がある地元の金融機関はともかく、東京などに本店

◆減災のためのキーワード

金融特別措置

臨時窓口

燃えたお札の交換

があり被災地の支店が壊れたところは営業する場所が無くなり、そこの預金者はお金を下ろせなくなりました。そこで私は日銀神戸支店の中にそうした金融機関の臨時窓口を設ける、という異例の措置を講じました。14もの金融機関が日銀の中で預金の払い出し業務を行い、多くの被災者が訪れました。「お金はいつでも下ろせる」という安心感が経済的混乱の拡大を防ぎましたが、これも減災対応の一つです。

燃えたお札は交換可能

誤ってお札を燃やしてしまってもあきらめないでください。燃えたお札は灰の面積が3分の2以上あれば全額、5分の2以上あれば半額を新しいお札と交換できます。

阪神大震災では7,000棟もの家が全焼、大量のお札が燃えてしまいました。この交換のため日銀神戸支店に持ち込まれたお札は14万6,000枚、7億円にも上りました。大変な作業でしたが、経済的損失を少しでも小さくできたとの喜びも大きかったです。なお、貨幣は表面の模様が分かり、重さが半分以上あれば全額と取り換えます。

防災まめ知識⑪

お札が破損してもあきらめないで！「金融特別措置」

「金融特別措置」の主な内容として、預金の払い戻しや手形の取り扱い、融資などについて、被災者の便宜を図ることのほか、焼けたり、水浸しになったお札の交換を、速やかに行うことなどが定められています。この措置は大災害が発生する度に発動されています。

12 衣類や生活場所の不自由

阪神大震災は真冬、私は寒さをしのぐための衣類に苦労しましたが、日銀の外に目を向けるとさまざまな生活の場所の苦労がありました。

防寒衣料や下着の確保に抜かり

被災直後、職場の日銀神戸支店に向かう際、コート類を持たずに出た私を待っていたのは寒さとの戦いでした。特に冷たいオフィスでの夜明かしはこたえました。当日の支店内宿泊者は40人でしたが、手持ちの毛布は10枚ほど、警備用ジャンパーや消防服、新聞紙まで利用しました。防寒衣料に気が回らなかったのは温暖地ゆえの油断でした。また下着についても着のみ着のまま、洗濯に不自由するため下着類の確保は必須事項です。

被災者同士コミュニティー作りを

さて、被災者の生活の場となったのが避難所でした。学校など公的避難所だけでもピーク時には31万人が生活、公園や河原など私設避難所を含めると40万人にも上り、加えてわれわ

◆減災のためのキーワード

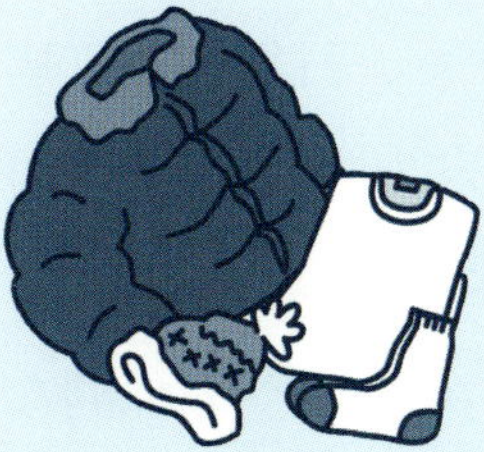

冬場の防寒衣料
下着類の確保
地域コミュニティー作り
普段からの近所づきあい
情報開示

れのように職場が避難所となるケースも少なくありませんでした。当初は命が助かった喜びと食料などが確保される安心感とでほっと一息。しかし不自由な生活でのストレスがたまり、不平や不満もだんだん表面化、思わぬトラブル、二次災害も起こりました。被災者同士がコミュニティーを作り、話し合いによりトラブルを防ぐことが大切です。近所に知り合いがいなかったため河原で野宿せざるを得なかった被災者もいましたが、日ごろからの近所づきあいも減災対策です。

　壊れた住宅は30万戸近くに上り、被災者は住宅の手当てに追われました。日銀神戸支店の職員宅も全半壊が50戸、自力再建までの居住スペース確保が支店業務遂行上の重要課題でした。転勤者用社宅の開放、知人宅への疎開など対応に追われました。なお、仮設住宅は約5万戸作られましたが、職場から遠い、地域コミュニティーがバラバラになるなどの問題点も多く、中越地震の際にその幾つかが改善されました。東日本大震災でもこの教訓が生かされることを期待していますが、関係者による問題点の積極的情報開示が重要な減災対策となります。

防災まめ知識⑫

被災者の生活再建のために「公的支援制度」

災害における公的支援制度は阪神大震災以後、整備が進められてきました。現在、全壊の場合、基礎支援金として最高100万円、住宅再建のための支援金として最高200万円まで支給されます。また、住宅の応急修理、災害弔慰金・災害障害見舞金支給、災害援護資金貸付などもあり、いずれも市町村役場にて申請手続きをすることができます。

第Ⅱ部

復旧、復興への道すじ

生活の立て直しと“まち”の復興

13「第二の危機」の訪れ

日本をはじめ多くの国の人たちが台風や地震、津波など大規模な自然災害に苦しめられています。こうした大災害には2つの危機が伴います。まず第一の危機は発生直後の生命や財産の危機です。これはここまでに記してきたとおり、目に見える具体的危機であり、さまざまな対策も定着しつつあります。

経済的、社会的問題 じわじわと

第二の危機は災害発生後しばらくしてから直面する経済的、社会的危機です。個人から社会全体の枠組みに至るまで広範かつ多岐にわたるため目に見えにくく、「災害に伴う危機」として広く一般的に認識されていないのが実情です。

しかしこの危機は長期にわたり、じわじわと社会全体にダメージを与え続け、生活や企業活動の活力を奪います。そしてこの危機は主として災害に伴う経済的ダメージからの復旧、復興対策のありさまと深く関係します。私は日銀神戸支店長として阪神大震災後の経済的復興にかかわってきたため、まさにこの第二の危機を目の当たりにしましたが、東日本大震災では早くも首都圏も含め広範な地域でこの危機が広がっています。

今なお続くダメージ

6,434人もの犠牲者を出した阪神大震災は経済的にも大変なダメージを与えました。道路、鉄道、港湾といった公的インフラ、企業や商店の建物などの崩壊といった姿を皆さんは記憶していることと思いますが、個人住宅も全半壊が25万戸にも上り、すべて合わせると被害金額は10兆円にもなりました。当時の兵庫県の県民所得が15兆円ですので、一瞬のうちにその3分の2が消えてなくなってしまったことになります。

このため被災後懸命の復旧、復興作業が行われましたが、的を射ていたもの、そうでないもの、やるべきことの選択を誤ったもの、対応に遅れがあったものなど対策は玉石混交、さまざまな問題点も指摘されました。その結果、第二の危機は今もなお続いている、というのが実感であり、今後のためにもその背景、要因などをしっかり総括しておく必要があります。そのことも広い意味での減災対策といえましょう。

「第一の危機」は天災であり、防ぎようがありませんが、「第二の危機」は人災であり、防ぎようがあるからです。

防災まめ知識⑬

防災情報を発信する拠点として「人と防災未来センター」

阪神・淡路大震災での経験や教訓を後世に伝え、災害被害の軽減に貢献することを目的として、兵庫県神戸市に2002年に開館しました。センターには博物館施設や研究機関のほか、災害対策のエキスパート育成も行っています。ホームページからも防災に役立つさまざまな情報を入手できます。(http://www.dri.ne.jp/)

14 「創造的復興」の難しさ

阪神大震災から丸16年、17回忌の節目の年です。私は神戸市長田区にあるボランティアグループ、「まち・コミュニケーション」の一員として毎年1月17日に行われる追悼法要に参加していますが、その度に震災が残した深い傷跡を感じざるを得ません。

復興の光と影

今、神戸の街を歩いていますと復興の光と影、2つの側面を見ることができます。中心部のきらびやかな商業ビル群、新築の住宅やマンション、空港と周辺の新交通体系などのハードインフラは光の象徴です。しかしながら、それらの内部に一歩足を踏み入れ、周囲を子細に見回すとあちらこちらに影がちらつきます。未だに生活再建がままならない人たち、事業が思うに任せないままの商店や中小企業などがその典型ですが、かつては日本のトップクラスであった港湾関連産業や観光など経済活動全般の地盤沈下も影そのものと言えましょう。

箱物中心の再構築策があだに

さてこうした光と影はなぜ生じてしまったのでしょうか？　神戸大学の塩崎賢明教授（都市計画）は「震災直後のお金の使い方が原因」と指摘しています（図参照）。兵庫県や神戸市は

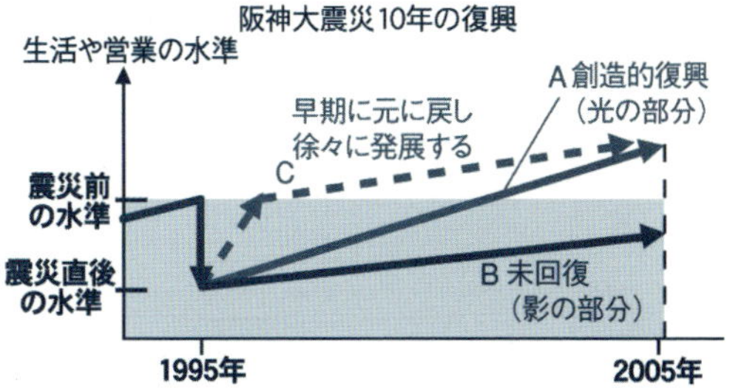

「創造的復興」のスローガンを掲げ、「単に震災前の状態に戻す（復旧）のではなく、21世紀の成熟社会にふさわしい復興を成し遂げる」と意気込みました。それ自体頼もしい限りではありましたが、重点がいわゆる箱物中心、ハードインフラの再構築にかかり過ぎたため、被災者の生活や事業再生への支援といったソフト対応が手薄かつ後回しになってしまったことは否めません。それはわが国の災害復興の考え方が長年の経験から治山治水事業の延長線上にあることのほか、「復旧は許すが復興は許さない」、「被災地エゴもいい加減にせよ」といった中央からの無言の圧力があったこととも無関係ではありません。

神戸のような大都市で大災害に見舞われると何が起こるのか、何をしなければならないのか、そして今後、同様の災害が起きた場合の教訓は何なのか、などにつき具体的に話を進めていきます。

防災まめ知識⑭

支援を受ける時に必要になる「り災証明」

り災証明とは、地震などの災害により、住宅などが破損した際､行政が被害状況を「全壊」「大規模半壊」「半壊」「一部損壊」「無被害」の5段階で判定し証明する書類です。り災証明は、生活再建支援法の対象となる支援をはじめ、義援金の配分や住宅再建のためのローンの申請、保険の請求、税の減免などの手続き時に必要になります。

15 被災地経済を覆った「4つの波」

日本経済はデフレ局面にあるとか、回復過程にあるとか言われていますが、その要因が何かを正確に把握しないと、有効な対処方法も見つかりません。阪神大震災後の神戸経済はひどい落ち込み方でしたが、その中身を子細にみるとさまざまな経済的現象が入り乱れ、そのことが復興対策の混乱に拍車をかけたといえます。

プラスやマイナスの波の中で

当時の神戸経済は4つの波に翻弄《ほんろう》されていました。景気循環、構造調整といった日本経済全体が受ける波に加え、被災地特有のプラスとマイナス、2つの大波にもまれたのです。目の前で起こる出来事がどの波によるものか、複数の波が折り重なってしまったのか、などを見極める必要がありました。

皆さんは復興景気という言葉を耳にしたことがあると思いますが、これはまさにプラスの波によるものです。崩壊した道路、鉄道、港湾など公共施設の復旧工事がその典型ですが、民間企業の工場建て替え、機械更新、個人の住宅再建といった動きもその部類です。

心の傷の回復　大切なポイント

ではその逆であるマイナスの波とは何でしょ

うか。数え上げればキリがありませんが実にさまざま。そしてそれらは目に見えるもの、見えないものが混じりあっているため、その後の対応が後手に回ったものも少なくありません。工場や商業施設が壊れ、生産が落ち込んだり、商売ができなくなるといったことが目に見えるものの代表的事例です。

一方、交通体系の混乱により人の流れが止まり、観光やサービス産業が低迷する様子は、見えにくいものの典型です。何よりもマイナスは人々の心に与えたダメージです。営々と築き上げてきたものが一瞬のうちに消えてなくなってしまうショックは大きく、しばらくは立ち上がる気力をなくしてしまった人たちが大半でした。この落ち込んだ気持ちをいかにして鼓舞することができるのか、このことも復興を考える上で大切なポイントとなりました。

ちなみにマイナスの波は目に見える直接被害

だけで約10兆円、目に見えにくい間接被害を加えると18兆円と推計されています。一方、プラスの波は公共、民間合わせ10年間で約16兆円とされていますが、この時間的ギャップが問題といえましょう。「復旧や復興は時間との闘いである」、阪神大震災からの教訓です。

防災まめ知識⑮

阪神大震災の被害額のトップは建築物「直接被害額内訳」から

　兵庫県庁の資料によると、阪神大震災の直接被害額は約10兆円。内訳をみると、個人住宅、マンション、オフィスなどの建築物被害が5割を超えています。道路など公共土木施設、商工関係、電気・ガス、鉄道などが続き、あらゆるものが破壊されたことが分かります。建築物被害の状況からも、耐震対策の重要性が伝わってきます。

16 復興のさまたげ

阪神大震災における“復興の光と影”の存在については既に述べたとおりですが、影の多くは被災直後の取り組みの遅れ、ボタンのかけ違いにあったと指摘できます。ではなぜそうしたことが起きてしまったのでしょうか？　現場で肌で感じたこと、見聞きしたことの中に幾つもの答えがありました。

数々の規制が壁に

復興へ向けての立ち上がりが遅れた要因としてまず第1にあげられるのが、諸々の規制の存在です。ガレキの処理、住宅や工場の再建などから夜の繁華街の再開などに至るまで、実に幅広く規制の網がかけられていました。それらは法律、条例、行政指導などが複雑にからみ合い、被災者を悩ませました。行政当局の縄張り争いも激しく、一体どこの誰が問題解決の当事者か分からない、といった嘆きも度々耳にしました。

私はそれらの全体像を把握するため項目ごとに規制の内容を整理しましたが、産業や生活の再建に直結するものばかり、正直驚きました。具体的には戸建て住宅、マンションなどの再建

には建築基準法、都市計画法、市水道条例などが立ちはだかり、オフィスビル、商業ビルの立ち上げには建築基準法、土地計画法、市景観条例、行政指導など多くの壁がありました。工場についてはより厳しい制限がかけられ、同じ土地に同じ規模の工場を建てられない、といった事例も多く、事業者を困惑させ、同時にそこで働く人たちを苦しめたのです。

表立って取り上げられませんでしたが、飲食業（バー、スナックなども含む）や遊技場、パチンコなども震災前どおりの営業が難しくなり、街から出ていかざるを得ないといった声も多く聞かれました。

行政の意識不足

さて問題はこうした規制をする行政の当事者には「復興の邪魔をしている」との意識が全く

なかったことです。法律や条例を守るといった当然の仕事をしていることが、被災者を困らせてしまった、との事実は双方にとっての悲劇でした。東日本大震災における街の復興にあたって繰り返してはならないことの1つといえましょう。

防災まめ知識⑯

生活の場の復興の足かせに…「住宅の再建」の法規制

阪神大震災の復興過程で、住宅再建に関わる法律や条例がブレーキとなった例も多くありました。例えば、建築材料は認定規格であること、建設条件が厳しい区域があったこと、水道工事は地元指定業者のみ限定など。やがて改善されましたが、まちづくりのために有効な法が、急務の場面では足かせになってしまった事例です。

17 認識のギャップ

復興が遅れた要因としてまず規制の存在を指摘しましたが、第2の要因としてあげられるのが諸々の“ギャップ”があったことです。これらは規制とは異なり、具体的には見えにくいものでしたが、確実に復興へ向けての足を引っ張っていました。

復興への大きな障害に

復興へ向け最も大きな障害となったのが、被災地とそれ以外の地域との、被害に対する「認識のギャップ」でした。とりわけ中央とのギャップが直接マイナスとなりました。これは被災地サイドの官、民共に苦しめられましたが、その現地では官と民の間でのギャップが目立ち、トラブルも多発したものです。ほかに、産業や生活再建といった観点から、ハードとソフト、大企業と中小・零細企業、製造業と非製造業、被災地内の西と東、などのギャップが気になったところです。

「神戸偏重」現実知らぬ声

では具体的にこれらのギャップがどうしてマイナスに作用したのでしょうか。

まず中央との問題では、被災地の早期復興に

向け中央が全力投球していたのか、ということです。中央には全国の利益代表が集結しており、阪神地域だけのためにあるのではない、といった意識が見え隠れしていたことは否めません。被災した1月の段階で、はや多くの地域から「神戸復興だけに金を使うのはいかがか、わが方はもっと貧しい」といった声が出ていたのも悲しい現実です。中央のつらさは、こうした声にも応えていかなくてはならなかったことでしょう。近隣の大阪からでさえ「神戸は甘えている」といった、現実を知らない情けない声も出ていたほどです。

当然、官側の復興が遅れがちとなったのに対して民間のいら立ちは増し、不平不満が渦巻いたことはあまり知られていません。民間の不満は、ハードの復興にばかり目が行く当局に対し、規制緩和や税制優遇措置などに代表される、ソフト対応に後ろ向きなことにも向けられました。このギャップも大きくマイナスに作用したところです。

さらには被災地内に生じた経済力の格差に伴う認識の違いが「被災者間での意見の食い違い」の形で表面化し、中央の役所などから現地の要望に応えないことの口実に使われたりもしました。

防災まめ知識⑰

マーケットの違いが生む「復興スピードの格差」

阪神大震災後の復興の進行度は、業種によって開きがありました。それはマーケットの違いによるものでした。例えば、生産した商品を被災地外に出荷することができた製造業と違い、被災地内をマーケットにしていた飲食業、スーパー、商店といったサービス業などの非製造業は売り上げが伸びず、復興に苦しみました。

18 心の傷が意欲奪う

大災害は多くの人の命を奪い、モノを壊しますが、阪神大震災の現場で私が目にしたことは人の心も壊し、傷つけたということです。これも復興遅れの要因となりました。

生活再建の手間取りの中で

諸々の規制やギャップの結果として被災地内に広がった絶望、焦燥、あきらめ、といった人の心の傷が復興意欲の喪失、減退につながりました。このことは個人から企業、さらには復興の旗振り役である行政にまで広がりました。これも具体的には見えにくく忘れられがちですが、復興を考える際の重要事項です。

例えば個人についてみると、多くの人がショックからなかなか立ち上がれず、生活再建に手間取りました。突如振りかかった住宅の二重ローンの悩み、家族を失った悲しみ、自らのPTSD（心的外傷後ストレス障害）の苦しみなどを抱えた人は、私の周りだけでも十指に余りました。それだけに被災後、全国の精神科医が神戸大学の中井久夫教授のもとに集まり、心のケアに奮闘した姿には頭が下がりました。

苦悩が復興推進に影響

　また商店や、サービス業などに携わっている人たちは、人の流れが大きく落ち込んだ街の様子を眺め「再建しても客はこないのではないか」との不安感から、規制に苦しむ工場経営者同様、事業再建の意欲を徐々になくしていきました。さらには地元の役所で働く人も例外ではありませんでした。被災者と正面から向き合っている人ほど悩みは深く、中には自ら命を絶つ人まで出てしまいました。復興の中心にいた当時の神戸市助役が須磨の海岸で焼身自殺を図った痛ましい出来事は、被災関係者の心の傷の大きさを物語り、復興推進に少なからず影響が出たことは否めません。

　夢遊病者のように街中を彷徨する人や無意識のうちに赤信号を渡る人などを数多く見掛けましたが、心の傷の象徴として頭の中に入れておかなくてはなりません。

NHK神戸放送局は、震災から約2年後に被災者1万人に対し、生活状況に関するアンケート調査を行いました。その中で注目すべきことは、「心の復興、未だなし」との回答が5割を超えていたことです。まさに復興の影の部分でした。

防災まめ知識⑱

個人差がある心の復興「精神救急医療の大切さに注目」

壊れた物や、けがなど以上に、心の傷はより解決が難しいです。阪神大震災以降、"精神の復興"についても積極的に研究されるようになりました。参考文献として中井久夫編で『1995年1月・神戸』『昨日のごとく』(以上、みすず書房)、NHK神戸放送局編『神戸・心の復興　何が必要なのか』(NHK出版)などがあります。

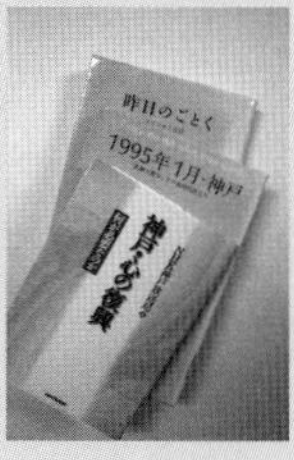

19 知恵を生かせていたら

復興の立ち上がりが遅れた理由が明らかでしたから、復興推進のためには障害となっている規制をはずし、諸々のギャップの解消に努め、被災者の復興意欲を盛り上げればよかったのです。しかし、この早期復興への処方せんは「言うは易く行うは難し」が現実の姿でした。

はねつけられた主張

私が所属していた神戸経済同友会や兵庫県の復興推進機構などが、官民一体となり規制緩和や税制優遇措置を柱とする施策（フリートレードゾーンなどの経済特区）を中央政府等に働きかけましたが、「一国多制度はまかりならん」とにべもなくはねつけられました。神戸のように流通、サービス、観光など第3次産業のウエートが高い地域の再生には、こうしたソフト対応が極めて有効なのですが、災害からの復興を治山治水事業の延長線としか考えない人たちにはなかなか理解を得られませんでした。

しかしその後、小泉内閣では、構造改革の目玉として各地にさまざまな「特区」がつくられたのはご承知の通りです。われわれの主張が少

し早過ぎたのかもしれませんが、「金を使わず知恵を使う」という考え方を今後の災害対応にぜひとも生かしてもらいたいものです。とくに東北地方の早期復興に必須となるでしょう。

地域均衡主義の弊害

阪神地域は人やモノの流れが経済の原点であるため、鉄道、道路、港湾といったハードインフラを1日も早く復旧することがソフト対応との合わせ技で強く求められました。他の地域への公共投資を一時中断してでも経済力のある阪神地域に資金を重点投入し、早期復興を図ることは、税収増を通じ国益に直結することになりますが、「地域均衡主義」という論理の下、被災地の思うようにははかどりませんでした。今なお残る影の部分は、こうした初期対応の遅れによるものといえましょう。

私は1996年1月の日銀支店長会議でこうした事実を報告し、マスコミの皆さんにも伝えました。これが「日銀支店長が政府批判」の大見出し付きで新聞各紙に報道されたため、各方面から嫌みや非難含みの詰問を受けましたが、中央と被災地のギャップ解消に少しは役立ったのではないかと思っています。

防災まめ知識⑲

地域振興に有効な「特区制度」

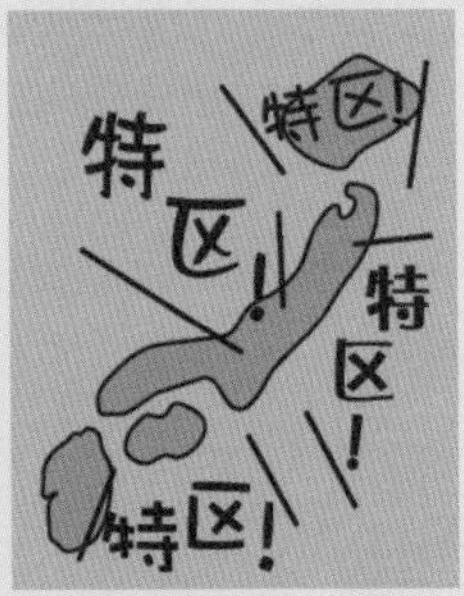

特区は地方の創意工夫を生かして、個性ある活性化を目指す制度で、神戸市には「国際みなと経済特区」「先端医療産業特区」などがあります。例えば青森県には、「環境・エネルギー産業創造特区」「白神のふもとどぶろく特区」などがあり、この活用が地域振興の力となることが期待されています。

20 復興の呼び水役に

阪神大震災により大きなダメージを受けた阪神経済の中で、とりわけ悲惨だったのが観光、飲食などサービス関連産業でした。震災前には年間2,700万人もの人が神戸を訪れていましたが、それが3分の1にまで落ち込み、人と金の流れが止まってしまったためです。これを元に戻すための対応を迫られました。

青森「りんご台風」の経験に学ぶ

私は、この解決のためには、経済の最前線で活動している人たちの知恵と力が必要と考えました。1991（平成3）年、青森在住の折に、単身赴任者の集まりである「青晴（じょっぱり）会」の人たちと台風被害に遭ったリンゴ農家を救済し、少しでも元気を出してもらうために走り回ったことを思い起こしたのです。

この時の経験を基に1995年5月、「神戸復興支援何かを支店会」という集まりをつくりました。メンバーは神戸に支店や支社を置く事業所の代表者を中心に構成され、いわゆる「よそ者」中心の集まりでした。そのため本人自身は家屋など直接的な被害が少なく、また神戸以外に知人、縁者がたくさんいることが強みでした。

神戸でお金を使ってもらう

これを生かした会の目的は2つ。まずは会員自身が神戸のモノやサービスをたくさん買うことです。2つ目は神戸に人を呼び、その人たちにお金を使ってもらうことです。要すれば人と金の流れを戻すための「呼び水役」を果たすことでした。趣旨に賛同した300人（150社）の活動は実に活発でした。多くの企業が神戸の産品を本社の中元や歳暮用として大量に購入するとか、本社でやるべき会議を神戸で行うといった動きが当たり前のように広がっていきました。

日銀も全店次長会議を神戸で開催しました。私は参加者に災害対応の実情をしっかりと見て学んでもらうとともに、神戸でできるだけお金を使ってもらうようお願いしました。また、マスコミの支局長たちも参加していたため、この活動が頻繁にテレビや新聞などで報道されたことから、被災者の皆さんを勇気づけることに一役買ったことは間違いありません。

復興へ向けてのソフト対応の典型的な事例といえますが、東日本大震災ではまず首都圏が元気にならなければ東北への支援もままならないでしょう。

防災まめ知識⑳

「台風19号（リンゴ台風）」からの復興体験

1991年の台風19号の被害は、青森県のリンゴ栽培史上最大で、被害額は740億円以上に上りました。被災園の復興活動、積極的な復興キャンペーンや支援イベント、リンゴ商品の開発や売り込みなど、県内外からの支援と生産者、関係団体などの努力で、数年かかるといわれた復興は予想以上に進み、翌年の生産量は平年並みに戻りました。

21 金融面の支え不可欠

大災害直後の混乱回避にお金が大切な働きをしたことは「お金はライフライン」の項で詳しくお話しましたが、復興の過程でも膨大な資金が必要となったため、日本銀行による金融面でのバックアップが不可欠となりました。

不安和らげる「量的支援」

被災した企業や個人に対する復興支援融資は、まず中小公庫など政府系金融機関や県、市など公的部門により打ち出され、地元銀行など民間金融機関がこれに続きました。当然、多額の融資要請が寄せられ、その金額は被災後3カ月で1兆円にも上りましたが、これに対する融資実績は1割程度にとどまりました。

このため、当初は被災者の期待に十分応えられなかったといえます。とりわけ民間金融機関の融資姿勢が、先行き不安感から及び腰であったことは否めず、これがまた早期復興の妨げとなりました。

こうした状況を金融当局である日銀としても放置できず、民間金融機関を通じ被災者の金融面の不安を少しでも和らげる措置を講ずることとしました。具体的には「阪神復興支援日銀特別貸出制度」を創設し、総額5,000億円の日銀

資金を直接被災地に流すことにしたのです。地元の金融機関が積極的に活用したため、これが呼び水となり、詰まりがちとなっていた被災地金融の円滑化に資することとなりました。

地元経済のための銀行再生

地域経済がダメージを受ける中、地元の兵庫銀行が破たんしてしまいました。復興との関連で問題となったのは、同行に依存している中小零細企業に対する融資機能がなくなってしまった、ということです。

われわれは金融当局としてこの事態に対応し、地元経済界と協力して兵庫銀行を母体とした新しい銀行をつくり、被災地金融を質的に支えることとしました。新銀行は現在「みなと銀行」として地元経済を支える重要な役割を担っています。

このように、大災害後の地域経済の復興には、金融の量と質、両面での支えが必要であり、阪神大震災で示した日銀の機能ぶりは、今後、同様な事例が生じた際の教科書となることでしょう。東日本大震災からの復興にあたっても1兆円の枠組みでこの機能が発揮されることとなりました。

防災まめ知識㉑

阪神大震災の復興対策としても実施された「日銀特別貸出制度」

日本銀行が民間金融機関を通じてお金を貸し出す「日銀特別貸出制度」は、極めて重要な局面で実施される制度といえます。現在実施されている特別貸出制度は、環境などの成長分野に対して投融資するもので、日本経済の成長力を強化し、デフレ克服の目的があります。

成長分野に3兆円供給
日銀・新貸出制度
年0.1%の低金利で
景気回復、デフレ克服へ
需要拡大の「火付け役」

22 ボランティアの力

復興推進のための具体策の中で、忘れてはならないのが、復興意欲がなえがちとなった被災者を励まし、支えとなったボランティアや義援金の存在です。

全国から140万人

被災地には全国から多数のボランティアが駆けつけ、その数は史上空前の140万人にも達しました。

当初の救援活動のみならず、その後の「まち」の復旧、復興にもかかわり、被災者たちとともに活動する様子はこれまでの災害時にはみられなかった光景でした。数の多さだけではなく、質的にも一歩踏み込んだ活動をするボランティアグループが生まれたため、阪神大震災が発生した1995年が「ボランティア元年」と称されるようになりました。

例えば、私自身が顧問として参加している神戸市長田区のボランティアグループ「まち・コミュニケーション」は、被災から16年たった現在も活動を続けています。焼け野原となった街の復興や災害弱者の支援に奔走したばかりでなく、その後も独居老人の語らいの場の提供、震災体験の語り部などを行なっています。このたびも宮城県の亘理地区に入り泥水につかった

家屋の後片付けに奮闘しています。

ボランティアに関しては物見遊山気分で現れ、足手まといになったとの話も耳にしましたが、それは例外。多くの被災者の大きな支えとなったことは間違いありません。気持ちさえあれば誰にでもできることですので、機会があれば読者の皆さんもボランティアとして活動してみてはいかがでしょうか。

励ましとなった義援金

ところで、被災からわずか数カ月で1,800億円もの善意の義援金が寄せられました。これが被災者を励まし勇気づけたことは言うまでもありません。正直、必要なものは古着ではなくお金だったからです。ただ、被害金額が大きかったこともあり、その配分方針がなかなか定まらず、最終配分までに2年半を要し、効果がやや薄まってしまったことが惜しまれます。

日本赤十字社ではこの経験を踏まえ、迅速性、透明性、公平性を三原則とする「義援金取扱いのガイドライン」を定めましたので、東日本大震災では早目に被災者に行き渡ることを期待しています。

防災まめ知識㉒

役立つ情報やノウハウを提供「みんなで防災のページ」

内閣府では、市民や学校、企業、ボランティアやNPOなどが、防災にどう取り組むのかを検討する際に役立つ、便利な情報やノウハウをホームページ上で提供しています。その中には、防災ボランティアについての情報も多数掲載されています。(http://bousai.go.jp/minna/index.html)

23 教育現場への被害

阪神大震災により社会の枠組みが壊れたり、機能が停止したりしましたが、その影響をもろに受けたのは、子供たちが学ぶ教育の現場でした。子を持つ親や教師の皆さんにはつらい日々が続きました。

先生が学校避難所を運営

阪神大震災では公的な避難所として指定されたのは1,153カ所にも上りましたが、そのうち7割が学校関係の施設でした。被災直後から学校が避難所となり、その解消にはかなりの時間を要し、最長は8カ月にも及びました。

このことは教育上の視点からは、大きく2つの問題を引き起こしました。1つは当然のことですが、子供たちが学ぶ場をなくしたことであり、2つ目は避難所の運営に関し、先生たちに過重な負担がかかったことです。長期の授業中断を見越して、縁故を頼り転校する生徒もかなりでました。学校が避難所になることが避けられない状況も想定し、いざという時の臨時教室を学校としてあらかじめ用意しておくことも必要ですし、個人的にも子供の疎開先を心積もりしておくことが教育面での減災対応として考えられます。

また先生たちの過重負担の問題も、今後、対応策を用意しておくべき重要事項です。現実に避難所で先生たちが運営の先頭に立ったケースが多かったのですが、その仕事の内容は一端をあげれば次のとおり、まさに多岐にわたっていました。まずは場所の割り当てと名簿の作成から始まり、食事の世話にごみ処理、支援物資の受け付けとその配給、苦情の受付窓口、はてはケンカの仲裁等々。大災害の時であっても先生の本来の役割は子供たちの安全の確保と教育支援ですが、それが十分にできなかった事実を忘れてはなりません。

経験を今後に生かして

こうした悲惨な経験を踏まえた関係者の切実な声を今後の災害時に生かしてもらいたいものです。例えば、学校避難所の運営は国や自治体の職員が責任者として常駐することを基本とし、避難者自身の自治活動を支援するのがあるべき姿だと思います。いずれにせよ先生が運営に関与できる期間はせいぜい1週間であり、1日でも早く子供たちの教育の現場に戻してあげることが望まれます。

防災まめ知識㉓

震災の教訓を発信「学校防災」関連書籍

学校防災について、阪神大震災の経験をもとにした書籍が出版されています。当時の状況を踏まえて検討した防災の提言「学校防災」（神戸新聞総合出版センター）や、震災からの復興や教訓を発信しようと出版されている「阪神・淡路大震災復興誌（第9巻）」（財団法人阪神・淡路大震災記念協会）などの書籍が参考になります。

24 一つ一つの力結集して

これまで阪神大震災の経験を踏まえ、大災害に遭遇した際の被害を小さくするにはどうしたらよいか（減災）、さらには被災後の経済・社会の復興をいかにスムーズに取り運ぶか、などについてご紹介してきました。最後に、これらの事柄を通じ私自身が学んだことを6つのキーワードにまとめてみました。

投げ出さず全員参加で

まず第1は民間活力です。被災直後の人命救助の多くは近隣の人たちによるものであったことや、街の復興へ向けての動き、多くのボランティアの活躍などがこのことの重要性を示しています。

第2は全員参加です。被災後は誰もが心の傷を負い、投げ出したくなる衝動に駆られます。そんな時1人でも傍観者がいると、家族でも企業でも復興は容易ではありません。神輿《みこし》と同じで、皆でかつげば重い荷物もそれだけ軽くなるというものです。

街の宝を見つめ直す

第3は宝を生かすことです。ガレキと化した街に宝などあるものか、とおしかりを受けそうですが、私自身は乏しい食料を分け合いながら仕事に励んだ仲間たちが最大の宝でした。ある

いは支え合った家族が宝、という方も多いと思います。経済復興に際してもこの街の宝は何かを真剣に考え、いち早くそれを生かしたことによって、「まち」の再興が早かったのです。

第4はイエスからの出発です。非常事態の中、難題が次から次へと降りかかり、「できません！」の一言で片付けたくなるのが当たり前です。しかしそれでは誰も救われませんし、復興も進みません。困難は伴いますが、まずは「イエス」と応えること、私が最も学んだことです。

第5は論より行動です。このことはいつの世でも言えることですが、100人の評論家よりも行動する1人の方が頼りになるのです。

最後は、よそ者の知恵です。渦中にある当事者には周囲が見えなくなることがあります。私も応援部隊の人たちの目や意見にだいぶ助けられました。「まち」の復興に当たって、われわれ転勤族の知恵が生きたことは前に記したとおりです。

大災害に備え、企業レベルではBCP（事業継続計画）の概念がだいぶ浸透してきましたが、それは家庭のくらしの中でも必要です。その際にこれらのキーワードを思い起こしていただければ幸いです。

防災まめ知識㉔

実体験からの手引書「災害対策全書」

ひょうご震災記念21世紀研究機構がまとめた総合的な指針です。編集代表は五百旗頭《いおきべ》 真《まこと》 防衛大学長で災害概論、応急対応、復旧・復興、防災・減災がその内容です。本書の遠藤氏も「金融支援対策」の執筆者として参加しています（平成23年5月発売予定）。
問合せは078-262-5570へ。

第Ⅲ部

大災害時における企業の危機管理

阪神大震災から学んだこと

(京都市消防局、同自衛消防隊連絡協議会主催研修会講演録より)

◆ はじめに

現在、私は神戸の「人と防災未来センター」で、年２回から３回、主として地方自治体の災害担当の方を対象に研修会の講師を務めていますが、防災という概念ではなく、「減災」という概念を伝えていこうと、あらゆる機会を通じて防災から減災への取組を進めています。減災とは何かというと、阪神大震災を経験した身だとよく分かるのですが、あのような大災害に遭いますと、災害を防ぐという防災は無理だということなのです。防災という言葉は、関東大震災の後できたそうですが、阪神大震災の後、議論していく中で、あのような災害は防ぎようがない。となると、災害が起きたときにいかにして被害を小さくするか、いかにして被害を減らすか「減災」という概念で取り組まなければいけないと言われたのです。減災のためには何をしたらいいか、あるいは大災害が起きたときの経験を基にして、様々な事前の対応を取っておく、それが減災対策です。そのためには、阪神大震災のときにはこういうことが起こった、何に困ったのか、あるいはそれを克服するために何をしたのか、ということを語り伝えていかなければいけないと考えています。

今日は、そうした観点から、まず何が起こったのかということ、そして私は組織目的のために何をしなくてはならなかったのか、組織目的遂行のために行動しようとしたとき、何に困り、何をしたのか、そういったことを具体的にお話し、最後にたくさんある教訓の中で、特にお伝えしなければいけない３点について御紹介します。

◆ 緊急事態の発生と対応

まず、何が起こったかということなのですが、御存じのように震度７の地震が起きました。私は当時、神戸市灘区の社宅に住んでいました。私は東京の池袋で育ちまして、震度４くらいの地震は時折経験していました。で、これは地震だと思い、経験から止まるであろうと思っていました。しかし、止まらないんです。これでもか、これでもかと思って、ひょっとしたら私は死ぬかも知れないと思いました。私がここで死ぬかなあと思ったとき、現実にそのとき約６千人の方が阪神大震災で亡くなっておられます。私は、青森支店長のときに、台風19号に遭いました。このときは、命の危険は感じませんでしたが、神戸の震災では本当に死の恐怖を感じていました。何でこんな目にばっかり遭うのかなと思いました。でも、しばらくしてから、ちょっと待てよと、こんなことで震えている場合じゃないな、俺は日銀の支店長だ、日銀の支店長としてやるべきことがあるな、と身を奮い立たせました。こういうときに備えて日本銀行には、災害対応マニュアルがあり、それに基づく訓練もしています。災害時には、私の所に連絡がくることになっていますが、何も連絡がありませんでした。マニュアルに従うと、待っていても連絡がないときは、自分から対応をしなければいけないということで、受話器を取り上げました。しかし、停電していますから電話は不通状態でした。次に何をするかと言いますと、支店長はまず職場に駆け付けるということでした。徒歩で通勤するということ、もちろん営業所に歩いて1時間以内で行ける所に住んでいることも原則になっています。徒歩通勤訓練もしていました。外に出ようと思ったところで、わずかな電話の呼び出し音が聞こえ、受話器を取ったら、課長から「支店長、生きてますか。」、『おう生きてるけど、君も生きてるかね。』あのときの会話というのは、「生きてるか。」というのが合言葉になりました。後にNTTの支店長に聞いたらNTTは自家発電装置を持っていて、普通のダイヤル式の電話は、機能するとのことでした。

◆ 具体的な行動

銀行の前に着くと、既に、次長以下12、3人の職員が銀行の前にいました。すぐマニュアルに従い、災害対策本部を支店の外側に設置し、1回目の会議を開きました。テーマは、銀行の中に入るかどうか。皆さんの職場も、まず災害が起きたときに、自分の職場に入れるかどうか、それが大きなポイントになります。実は、私が着いたとき、ガスの臭いがしていました。支店の周りはガスが充満していました。今のガスはLNGですから、それ自体吸い込んでも死にはしない。しかしながら、とんでもない爆発力があるから、ガス漏れの原因が日本銀行の中か外か、その判断をしたうえで退去するかどうか決めようということを、1回目の会議で議論しました。命懸けです。じゃあ何でそんな命懸けの議論をしたのかというと、そこで組織目的ということが出て参ります。組織として何をしなければならないのか、日本銀行の神戸支店は、この災害時に何をしなければいけないかということです。日本銀行の組織目的、それは、難しそうですが実は簡単なんです。日本銀行というのは、いつでも、どこでも、どんなときでも、国民の皆さんが安心してお金を使ってもらえるようにしておくこと、これが日本銀行の組織目的です。この安心の中身は三つあります。

一つ目の安心は「通貨価値」です。物価についての安心、物の値段が上がったり下がったりしないようにしておく。

二つ目の安心は、お金の量と質です。地域の皆さんに、安心してお金を使ってもらえるようにしておく。災害のときでも、例えば貯金残高があるのに、ATMにカードを入れてもお金が出てこない。あるいは本物か偽物か疑って掛からなければいけない。あるいはお釣りをもらったときに、「汚いお札だなあ、こんなお金使いたくない」というような状態にならないようにしておかなければいけない。量と質の確保、これは支店長の仕事です。

三つ目の安心は、「決済システムの安心」です。例えば確実に送金される。あるいは預金をする金融機関の経営に不安があるかどうか、不安のないようにしておく、これも支店長の仕事です。

そうしますと、ガス漏れの中、支店の中に入るか入らないか決断をしなければいけなかったのは、その組織目的の遂行のため、何をしなくてはいけないのか。日本銀行の神戸支店長というのは、兵庫県民の金庫番です。その仕事をしなければいけない、ということです。

じゃあとにかく、中に入ってみよう。それで私が判断したのは、もしガスの臭いが中の方が外よりも濃ければ、原因は日銀の中だから即刻逃げよう。ガスの臭いが外の方が濃い、日銀の中の方が薄い、これは、原因が外にあるから、自動的に大阪ガスが元栓を止めるはずなので、中に入っても安全であろうと、そういう判断をしました。非常口から入ろうとしましたが、通常は機械警備により電動で解錠するのですが、警備会社自体が崩壊して、解錠ができませんでした。しかし私は慌てませんでした。非常時における解錠訓練はしていましたから、訓練に従って通用口を開けました。

私が災害対応している間、本当にたくさんの失敗をしました。通用口が開いたときも、通用口が開いて、いきなり中へ飛び込もうとしたのです。すると次長から襟首をつかまれて「支店長何をしているんですか。訓練と違いますよ。」と言われました。あのような災害時にはトップの役割が非常に重要になります。トップがいきなり爆死をしてしまったら、後の災害対応に影響が出るということで、非常時に危険なところに立ち入る場合、トップはいきなり入らない、と決められていました。それで、次長と課長が先に入りました。で、「支店長大丈夫ですよ。入れましたがガスの臭いはありません。」ということで、私も中に入りました。中は非常灯しかついていませんでした。通常ですと停電した場合、自動的に自家発電装置が作動して、中の電気がつくはずだったのが、地震により自家発電装置が壊れて蓄電池対応の非常灯しかつきませんでした。地震に耐えるはずのものが耐えられないということが本当に多くありました。耐えられるはずの物が耐えられないことも想定して、訓練やバックアップが必要であるというのが、私の教訓として残っています。

まあ、嘆いてもしかたがないと思い、懐中電灯はたくさん用意していたので、懐中電灯を持って金庫に行こうとしましたが、行けませんでした。通用口から金庫に行くまでの間、色々なバリヤーがあります。バリヤーのほとんどが電動のため解錠できませんでした。ただバリヤーも、震度７の揺れで一部壊れている所があり、そこから、金庫へたどり着き、何とか金庫を開けることができ、組織目的である現金供給の要の所にたどり着けました。

これが１月17日の朝７時過ぎ、私が金庫に入ったときの様子でございます。

何でこんな写真があるのか、というと、総務を担当する人間が、カメラを用意して私の後に付き、災害対応の様子をすべて記録していきました。その記録は、後の災害対応マニュアルの改訂にもつながっています。

銀行券容箱と呼んでいる20キロの重さの箱がこのような状態になっています。この箱は10階建ての屋上から20キロの銀行券・お札を入れて、コンクリー

金庫内の様子

事務室の様子

トの床に落としても壊れない強度を持っています。それがなぜ壊れたのか考えると、20キロの箱が空中を飛んで箱同士がぶつかって壊れていたのです。それほどのエネルギーだったということです。ですから震度7のエネルギーのすさまじさというのを、この金庫の中の様子が現わしています。でも私は安心しました。金庫の様子を見て、あ、お金がある、お金があるから何とかなると思いました。後は事務さえ対応できれば大丈夫だ。よし、担当の課長に、とにかく今日の必要なお金だけ整理しておいてくれということを言い残して、事務対応のため、今度は事務室に向かいました。事務室では、机の上にあったパソコンは、ほとんど床に落ちていました。

ロッカーは、耐震対策のために、壁に強力な接着剤で貼り付けていたのですが、接着剤が壁を引きはがし

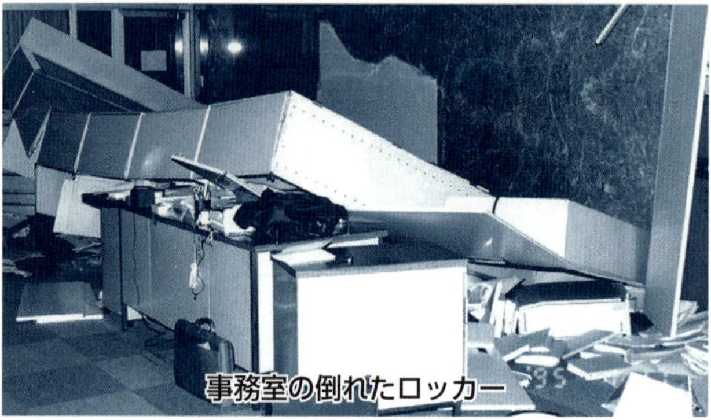

事務室の倒れたロッカー

てロッカーは倒れていました。事務室の様子を見て、もちろんシステム対応での事務はできないということで、原始的ですが、帳簿により手作業で対応しようということになりました。

けれども、書類を入れている鉄庫というのがあるのですが、担当課長から「支店長、私の所の鉄庫が開きません。」とのことでした。そういうときのために、支店長室に予備の書類を備えていましたが、支店長室に入れませんでした。支店長室の鍵を私が持っていなかったのです。普段は、支店長秘書が、朝、鍵を開けて部屋の掃除をし、夕方になると、私が先に帰り、秘書が施錠していたのです。このような災害時における大切な備品を支店長室で保管しているにもかかわらず、災害時に自分で自分の部屋に入れないミスをしてしまいました。しかたがないから、支店長室の扉を蹴破るか、とにかく壊して入るしかないと思っていたら、秘書の机が地震で壊れて、支店長室の鍵が幸運にも落ちていました。その鍵で支店長室の中に入ることができました。

支店長の机の上に、ぶ厚いガラス板を置いていたのですが、このガラス板が私の椅子の上にあり、ガラス板の上に、テレビが乗っていました。もし私が営業時間中、この机で執務をしていたらたぶん即死だったと思います。

地震が来たら机の下に逃げろ、ということを言われていますが、おそらく最初の縦揺れで、机の下に逃げることはできません。ですから、緊急地震速報のシステムを見たときには、これが阪神大震災のときにあったら少なくとも何秒か前に察知できて、多くの命が助

支店長室内の様子

かったのではないかと思います。

◆ 午前9時、定時営業開始

支店長室に無事に入れたので、仕事をすることができました。グチャグチャにはなっているが、お札は確保できました。事務対応の手書きの帳簿等も確保できたということで、午前7時40分過ぎに本店の災害対応部署に連絡を入れました。こちら神戸支店の状況と、午前9時に平常通り営業を開始するということを伝えました。これが組織目的ですね。日本銀行の機能の中で、災害時になぜこれが大切かと言いますと、お金というものは、最も公平な分配手段なのです。お年寄りも子供も力の弱い人も、お金があれば、物さえ売っていれば、それと交換をできる。交換手段であるお金が存在するということが、人の心を安心させることにつながるのです。そのため、午前9時に日銀が平常どおり営業するということが非常に大切なのです。日銀だけが営業を開始しても、市中金融機関が営業しなかったら、市民の皆さんの手にお金は行き渡りません。したがって、そのことを各金融機関に伝えなければいけない。こういう場合にトップが生きていることが大事なのです。地元金融機関のトップの自宅の電話番号を、私は常に携行していました。そして地元金融機関の、それぞれのトップの方に、日銀は平常どおり9時に営業を開始することを連絡しました。しかし、1月17日、万全の対応をして待っていましたが、市中金融機関は一行も来ませんでした。なぜかと言いますと、日銀にお金を取りに行くどころではなかったのです。自分の所が崩壊をしている。あるいは支店がやられて、その対応に追われたということです。翌日の１月18日、多くの金融機関が営業開始のめどを付けてやってきました。当時、日本銀行神戸支店管内に、金融機関の店舗は1,200近くありました。１月18日現在、開いていたのが約半分の650でした。新聞記者から「金融機関は、かっこいいこと言っているが、半分しか、あのとき開けなかったのですね。」と言われましたが、私は「とんでもない、半分もあの状態で店舗を開けていたというのは大変なことだ。」と反論しました。各金融機関も命懸けで店舗を開けました。全壊した店舗も多くありますし、職員が亡くなった所もあります。本当によく半分も開けてくれたなあと思って、私は「日銀の支

金融機関の建物

店長として感謝している。」ということを、新聞記者に話をしました。ただ、開けられなかった店舗が半分もありました。なぜ開けられなかったのか、の理由も調べました。理由は三つありました。営業できなかった理由、第一は当然のことながら店舗が全半壊してしまった。

二番目の理由は、自分の所の店舗は壊れなかったけれども、隣の建物が壊れて立入禁止の勧告を受けて入れなかったのです。

三つ目の理由、人がいなかったということです。この人の理由には、二つありまして、一つは、開けようにも、店舗も隣も大丈夫、しかしながら交通が途絶してしまい、人がいなかった。もう一つは、人は店舗まで行ったのに、店舗を開ける能力がなかったのです。支店長が来た、次長も来た、課長も来た。しかし、誰も店舗の開け方を知らなかったのです。日銀の場合には、毎週必ず決まった日には自分で金庫を開けています。金庫が開けられなかったら支店長の仕事は務まりません。通用口も開けられます。訓練しています。皆さんは企業で災害対応するときに、自分の職場にアクセスをして、そして中に入るという訓練をしっかりやっておかなければいけません。営業できなかった金融機関の多くが、日頃からそういう問題意識がなく、いざというときに無能になってしまったのです。このことは反省しなければいけません。その後、日本銀行の考査では、災害対応時におけるトップの役割ということで、職場に入れるかどうかも考査の対象としています。

◆ 金融特別措置の発動

組織目的の中の二番目、私が何をしなければいけなかったか、お札を確保して、そしてそれが市中金融機関を通じて、市民の皆さんの手に渡るように物理的な体制を整えた。これはハード面の体制です。次にソフトの対応が必要ということで、金融特別措置の発動をしました。これは災害対応マニュアルに書いてあることです。このような地震とか台風の被害があったときに、預金者の皆さんは、市中金融機関を通じて預金を下ろそうと思っても、通帳がないとか、ハンコがないとか、カードがないといったことになります。そうしたときに、日本銀行の支店長と財務局長が連名でもって、金融特別措置というものを発動します。ハンコや通帳がなくても、本人であることを何らかの形で確認ができたら、払いなさいという指示をします。神戸財務事務所長に日銀の支店長室に来てもらい、二人でもって特別措置を発動しました。電気もついてなく、何もないですから手書きでした。各金融機関、銀行協会、あるいは県、市に走り、金融特別措置を発動しました。

◆ 金融機関の臨時窓口開設

お金は確保し、金融特別措置は発動した。やれやれ支店長としては安心だと思っていたら、1月18日になって、たくさんの銀行の支店長さんが私の所へやって来て、「遠藤さん、特別措置を発動したので、銀行に行けばお金は通帳やハンコがなくても払い戻しできますよってラジオで流しても、うちの銀行ではできないです。」何でそんなことになっているのかと思い、聞いてみると、多くの金融機関が、店舗が壊れて払い戻す場所がなくなってしまっていたのです。どうしようということで、日銀の中に店舗を作ろうということになりました。

神戸支店の中に開設された店舗

神戸支店に来た各金融機関支店長が18人いましたので、18の銀行を全部日銀の中に収めようとしたのですが、どうしても物理的に入るのは14しかないので、あとの４つは、さくら銀行の本店営業部のロビーを借りて臨時店舗を作りました。

日本銀行の130年の歴史の中で、日本銀行の店舗の中に民間の金融機関の営業場を作ったのは２回目です。一回目は昭和20年の８月８日、広島支店で作りました。住友銀行広島支店ほか12行の臨時店舗を作りました。そうです、原爆です。日銀の広島支店の建物はしっかりと残っていました。あのとき原爆投下されたのが、営業時間前の８時台でしたから、30名近くの職員が殉職しています。８月６日に殉職し、遺体が店舗にある中、遺体を片付けて、そこの跡に、12の金融機関の臨時店舗を作りました。もし阪神淡路大震災も営業時間中であれば、私自身も死んでいたかも知れないし、職員も何名か犠牲になっていたと思います。その中でも、神戸支店も広島支店と同じことをしたと思います。これが組織目的です。

◆ 伝えなければならない震災の教訓

最後に教訓として、皆さんにお伝えしなければいけないことですが、第一に、マニュアルと訓練がいかに大切かということです。マニュアル外のことがたくさん起きました。銀行の支店長からも「遠藤さん、マニュアル外のことがたくさん起きたし、マニュアル外のことを一杯やりましたね。だからマニュアルなんて意味がないですね。」と言われました。とんでもない、反対です。マニュアルがあってマニュアルに基づいて訓練をしているから、目の前で起こることがマニュアルのことなのか、訓練でしていることなのか、あるいはマニュアル外のことなのか、目の前に起こっている現象が何なのかの判断がすぐに付くのです。したがって、これはマニュアル外のことだから、私の判断でしようとすぐに行動ができました。多くの人達がマニュアルも頭に入っていない、訓練もしていない、だから目の前で起こる一つ一つのことについて、本部にお伺いを立てたのです。判断が付かないのです。組織のトップという者は、大災害時ほど即断即決をしなければいけないのです。したがって目の前の出来事がマニュアルのことなのか、マニュアル外のことなのか、自分で判断して良いものかどうかの判断をしなければいけない。そのためにはマニュアルを頭の中にしっかりと入れて、それに基づく訓練を日頃からしなければいけないのです。日銀はシステムダウンしたときの訓練を常にしています。日銀というのは転勤が多いですから、例えば代行入力というダウン訓練を3箇月から半年に一回行います。システムダウンのときの訓練は一番頻繁にしています。

次に我々の仕事、皆さんもそうだと思いますが、組織目的を果たすために仕事をやらなければいけない。命懸けでやらなければいけない。しかしながら、その我々自身、あるいは職員自身も、被災者だということです。それが二番目の教訓です。日銀の神戸支店の職員、118名のうち約40名強が転勤族です。70名は地元の人です。70名のうち、50名の家が全半壊でした。約７割の職員は自分の家が全半壊、そういう中で、支店長の命令、使命感でもって、家が全半壊の中、銀行に駆け付けて仕事をしていかなければならない。その人たちのことも頭に入れなければいけないのです。幸い職員と家族に死者は出ませんでした。もし、亡くなった方が出ていたら、組織目的と亡くなった方への対応とで、私はもっと手を取られたはずです。災害が起きたときには、組織目的を遂行しなければいけない人間が、同時に被災者であるということを頭に入れておかなければいけません。そして、そのことが三つ目の教訓になって参ります。

三つ目の教訓は、トップの仕事、それは自分の命をまず守るということです。トップが生きていないと組織が混乱します。あるいはトップでないとできない仕事があり、また決断のスピードが違います。例えば臨時店舗を開設するときに、「支店長、警備をどうしますか？」と言われましたが、私は県警本部長にすぐ電話して警備を依頼しました。「遠藤さん分かった。じゃあ何人要る？」、『中に10人、外に10人、パトカー５台、これを日銀の神戸支店に派遣してくれ。』、「分かった。」ということで、トップ同志の会話でスムーズに運びました。その警備がなければ、臨時店舗を構えるのは、難しかったと思います。したがって大災害時であればあるほど、トップは自分の命をしっかりと守る対応が必要です。そしてそのうえで、仕事をしてくれる職員とその家族の命と生活、これをしっかり守らなければいけません。その一番目と二番目ができて始めて三番目、組織目的遂行のために仕事ができるのです。かっこよく仕事第一と思ってやっても、これは自分の命、あるいは職員が生きていなければ、仕事はできません。そして余力があれば四番目として、周りの仕事をしている人の手助けをする。今回でいえば、市中金融機関に臨時店舗を提供するということです。

以上、私の災害体験の一端を御紹介させていただきました。まだまだ話し足りないことがたくさんございますが、私の話を終らせていただきます。御清聴ありがとうございました。何か御質問ありましたらどうぞ。

質　疑

●質問者

マニュアルというのは大事ですし、色々と取り決めが必要だと思います。そうなると何か書き物として置いておいた方が、災害時に便利だと思いますが、そういうものを、確実に残せる場所に置かれているのでしょうか。

遠　藤　本当に、そのとおりです。実は日本銀行の災害対応マニュアルというのは膨大です。というのは、明治以来様々な災害を経験しています。関東大震災も経験し、第二次世界大戦で空襲も経験している。あるいは広島のように原爆も経験している。戦後も北海道での十勝沖地震、私自身が青森支店長のときに、台風19号に遭う、札幌の次長のときには石狩川が氾濫して留萌の町が沈んでしまうことも経験しました。そういう経験を踏まえて、日本銀行の災害マニュアルは、常に書き換えていかれます。膨大な量です。しかし、それを災害のときにひっくり返して見てられません。そこで最低限しなければいけないことをＢ６判くらいの小さな冊子にまとめています。黄表紙と呼んでいました。それは支店長になるとき、あるいは支店の管理者になるときは、必ず研修で叩き込まれ、そして日頃、鞄の中に入れていました。御指摘のように、きちっとしたマニュアルを作っておいて、その中のエッセンスを冊子にして、それを災害担当者あるいは組織のトップの人に、常日頃持たせておくということが大切です。

例えば非常時の食料の保管場所のことまで書いてあります。でも神戸支店はそれが守れてなかったのです。非常食を取り出して食べようと思ったら、まずある場所が分からない。職員に任せっぱなしにしていて、その職員がいないと分からないのです。また、ある場所が分かっても、次は取り出せないんです。地震なんてめったにないということで、非常食は倉庫の一番奥に入れてあり、倉庫の前に色々なものが崩れ落ちて取り出せなかったのです。そういうことはしないように、実は黄表紙のマニュアルには書いてありました。ですから御指摘のように、マニュアルを作り、そのエッセンスをいつでも携行できるようにしておくことが非常に大切なポイントです。

あとがき

私は２年前から仙台市教育センターの依頼により公立学校（幼稚園、小・中・高校）の先生方の研修講師を務めており、今年も８月22日に予定されていました。研修では、経済同友会教育問題委員会副委員長の立場で「今、社会が求める人材像」についてお話すると共に、宮城沖地震が想定されていましたため私の阪神大震災の体験を基に「大災害時における学校の役割」についても研修テーマとさせていただきました。昨年は８月18日でしたが、あの時の先生方の真剣な眼ざしが今でも目に浮かびます。この３月下旬、研修世話役の教育センター指導主事八島雅人さんにお見舞いの電話をさせていただきましたが、私の受講生の中に犠牲となられた方はおられなかったとのこと、ほっといたしました。ただ、あれだけの大災害ですからご家族や教え子に被災された方も少なくなかった由、胸が痛みます。多くの先生方は今、避難所となった学校で奮闘されているようですが、私の話が少しでもお役に立っていればと願うばかりです。

ところで、本手帳の第Ⅱ部でお示しした諸々のことは阪神地域で実際に起きたことですので、これらのことが東日本大震災の復興の道すじを示していると考えられます。とりわけ原発問題が深刻化している今、東京を中心とする首都圏も“被災地”として第二の危機のまっただ中にあると認識すべきです。人の流れに依存する第３次産業のウエイトが高い首都圏の経済力の落ち込みは東北地方の支援にも大きく響いています。首都圏に住むわれわれが今何をすべきか、第Ⅱ部の中から読み取っていただければ幸いです。もちろん私自身、阪神大震災の経験に照らし読者の皆さんとご一緒に考え、かつ行動したいと思っています。阪神大震災の折に感じた経済活動の“低温やけど”状態を今東京で実感していますが、ここから脱け出すにはまずわれわれ民間の力が必要であることを強調しておきます。1995年のNHK紅白歌合戦で、女性演歌歌手５名が阪神大震災の被災者を励ますために「心の糸」（たきのえいじ作詞、杉本真人作曲）で熱唱したように、ありふれた日常が一日でも早く首都圏を含む東日本大震災の被災地全体に訪れることを願いつつ。

平成23年４月、埼玉県所沢市の自宅にて

遠藤　勝裕

明解納得　**くらしの防災手帳**

2011年5月13日　第1刷発行
2011年6月7日　第2刷発行

著　者　遠藤　勝裕
発行所　ときわ総合サービス株式会社
〒103-0022　東京都中央区日本橋室町4-1-5
電話03-3270-5713
http://www.tokiwa-ss.co.jp/

印刷・製本　カミナガ株式会社

落丁・乱丁の場合は送料ときわ総合サービス社負担でお取替えいたします。
ただし、古書店で購入したものについてはお取替えできません。

ISBN 978-4-8878-6035-3 C0095　¥762E